Rede an die Abiturienten des Jahrgangs
2 0 1 2

Zur Erinnerung an die Abiturrede
in Saarbrücken am 26. Januar 2012

Ulrich Commerçon
Minister für Bildung und Kultur

Sibylle Lewitscharoff

Herausgegeben von *Ralph Schock*

Sibylle Lewitscharoff

Vom glanzvollen Leben

oder: War es früher besser?

Gollenstein

Ich zähle achtundfünfzig Jahre. Wer von Ihnen junge Eltern hat, für den könnte ich vom Alter her schon die Großmutter sein, die meisten Ihrer Eltern dürften jedenfalls jünger sein als ich. Dem Jugendwahn war ich vielleicht in der Pubertät verfallen, im Erwachsenenalter wohl kaum mehr. Mir mißhagt es, wenn Dreißig-, Vierzig- oder gar Fünfzigjährige sich kleiden, als wären sie siebzehn, wenn sie sich Wörter aus einem Slang aneignen, der unter Jugendlichen gerade verbreitet ist. Ich sehe darin eine mißglückte Form der Anbiederung und ein Verleugnen der Verantwortung, die man im erwachsenen Alter nun einmal hat.

Einfaches Beispiel: wer mit vierzehn einen Ladendiebstahl begeht, dem kann man verzeihen, weil er seinen Platz, seine Rolle in der Welt noch nicht gefunden hat und sich etwas von ihr mit einem kleinen Gewaltgriff aneignet. Ich habe mit vierzehn Jahren Bücher geklaut wie ein Rabe und bin ständig schwarzgefahren, um mein Taschengeld aufzubessern. Mit sechzehn, siebzehn war die Phase vorbei, und ich habe danach das Stehlen sein lassen. Wer im Erwachsenenalter stiehlt – sehen wir vom klassischen Fall des Mundraubes ab, in dem ein armer Mensch einen Apfel stiehlt, weil er Hunger leidet –, bei dem ist die Sache verzwickter, natürlich wird er auch in strafrechtlicher Hinsicht schärfer angefaßt.

Wieder und wieder kommt mir diesbezüglich ein kurioser Fall in den Sinn, der in jeder Hinsicht extrem ist. Er trug sich vor etlichen Jahren zu. Der Mann, um den es dabei geht, ist inzwischen an Krebs gestorben. Verurteilt wurde er, weil er seiner Frau den Schädel eingeschlagen hatte, in einem Waldstück. Die Tat wurde anhand von Indizien zweifelsfrei erwiesen. Der Mann war aber nicht irgendwer, sondern ein evangelischer Pfarrer, zeitweise gar in hoher Funktion als Leiter der „Aktion Sühnezeichen". Extrem daran ist natürlich, daß ein Pfarrer einen solchen Mord begeht, extrem war das sture, geradezu hochfahrende, besserwisserische Leugnen der Tat vor Gericht, extrem ist ein Verteidigungsbrief des Angeklagten, den er an zahlreiche Kirchenleute schickte und der mir zufällig in die Hände fiel, Brief von einer schier unglaublichen Kälte, gespickt mit irrwitzigen Verteidigungsargumenten, Brief, in dem immer wieder einzelne verräterische Wörter auftauchen, die wie Funken im Kopf des Lesers zünden und verraten, daß er es eben doch gewesen sein muß und kein anderer (der Pfarrer hatte versucht, den Mord erfundenen Rechtsradikalen in die Schuhe zu schieben, die nachts durch die Wälder gestreift sein sollen). Wirklich kurios daran war aber ein winziges Detail, das auf einem Nebenschauplatz des Pfarrerlebens spielte:

der Mann stahl regelmäßig CDs und Videos. Wohlgemerkt, als Pfarrer im höheren Alter, finanziell rundum versorgt, der durch seine vermögende Frau obendrein das Leben eines wohlhabenden Mannes führte.

Ich will aus diesem spektakulären Fall nun gewiß nicht die naive Schlußfolgerung ziehen, wer im Erwachsenenalter stehle, sei auch mir nichts dir nichts dazu in der Lage, einen Menschen zu ermorden. Aber die Geschichte läßt mich nicht los, nicht nur wegen der Besonderheit, daß ausgerechnet ein Pfarrer zum Mörder wurde, sondern weil der Mann einem extremen Jugendwahn verfallen war. Er beging die für Jugendliche typischen Diebstahlsdelikte und hatte obendrein Verhältnisse mit meist sehr jungen Frauen aus seiner Gemeinde. Übrigens sprach auch gegen ihn, daß er Stunden, nachdem seine Frau ermordet und sie noch nicht gefunden worden war, mit einer Geliebten die Nacht im eigenen Ehebett verbrachte, offenbar völlig unbesorgt darum, die Frau könnte zurückkehren.

Der Jugendwahn ist grotesk. Nicht weiter verwunderlich ist, daß Jugendliche alles mögliche ausprobieren, ihre Reviere abstecken, mitunter auch Riskantes unternehmen, um die Grenzen zu testen, das gehört zum Leben nun mal dazu. Und vielleicht gehört auch dazu, sich selbst und die Altersgruppe, der man angehört, für das Alpha und Omega der Welt zu halten. Grotesk hingegen ist der Jugendwahn der Alten, die sich in der Art, wie sie sich kleiden und wie sie sprechen, sich den Jugendlichen anzugleichen suchen, anstatt auf einen Stil der Distanz und Diskretion zu vertrauen, ohne den ein erwachsener Mensch, gar im höheren Alter, sich auf idiotische Weise preisgibt.

Im übertragenen Sinn ist hierbei auch eine Art Diebstahl im Spiel: Es wird geleugnet, daß die Jugend eine eher kurze Zeit mit eigentümlichen Verirrungen, glanzvollen Momenten und eigenen Rechten ist. Die Älteren dürfen den wirklich Jungen diese Zeit nicht stehlen, indem sie behaupten, sie gehörten dazu. Ich halte es sogar für übertrieben, junge Leute um jeden Preis verstehen zu wollen. Gut kann ich mich daran erinnern, daß ich, als ich in Ihrem Alter war, Erwachsene nach Kräften verachtet habe, die mir besonders verständnisinnig – um nicht zu sagen *salbungsvoll verständnisinnig* – begegnet sind.

Wir leben in einer Gesellschaft, die sich ständig darum müht, Differenzen einzuebnen und alles, wirklich alles zu verstehen. Das hat nicht nur eine besonders fade, scheinkorrekte Rhetorik zur Folge, dies Bemühen breitet über alle Konflikte, die ja nun mal nicht aus der Welt zu schaffen sind, eine Schlummerdecke. Ich bin von Natur aus eher ein angriffslustiger Terrier, den solche scheinlieben Säusel- und Einschlafreden verrückt machen. Die Alten haben inzwischen ja sogar Angst davor, ihre seit zig Generationen wiederholte Lieblingsbehauptung, früher sei alles besser gewesen, frei heraus kundzutun.

Früher ist alles besser gewesen – natürlich ist da Mißgunst im Spiel. Wer dem Sarg näherrückt, wer die Leibübel kennengelernt und die erotische Bindekraft verloren hat, glorifiziert gern die eigene Jugend und sieht in der Jugend, die ihn umgibt, so etwas wie matte, verwöhnte Blindschleichen. Vielleicht ist es ein klitzekleiner Trost, vor dem nahenden Tod sich einzubilden, denen, die hinter einem herwandern, sei ein dürftigeres Dasein beschieden, für das zu leben es sich nicht wirklich lohne.

Natürlich ist früher alles besser gewesen. Das gilt zwar objektiv betrachtet gewiß nicht für die Generationen, die den Ersten Weltkrieg oder die nationalsozialistische Diktatur mit ihren Verheerungen erlebt haben, trotzdem wurde es von Leuten, die in diesen Schreckenszeiten jung waren und ohne allzu große Gefahr für Leib und Leben davongekommen sind, gern behauptet.

Früher ist alles besser gewesen. Ich behaupte das auch. Um's Verrecken nicht wollte ich mit Ihnen tauschen und heute jung sein. Umstellt von flackernden Bildmedien aufgewachsen zu sein – bei uns zuhause gab's nicht mal einen Fernseher –, Stunde um Stunde mit so einem Quatsch wie *Facebook* oder Sendungen wie *Deutschland sucht den Superstar* oder *Germanys next Topmodel* verbringen zu müssen, auf überfüllten Universitäten ein Bachelor-Schmalspurstudium zu absolvieren, gar als längst Entjungferte eine Hochzeit im weißen Kleidchen zu feiern oder zumindest mich danach zu sehnen, das ist ein Alptraum, der mich sofort mit dem näherrückenden Sarg versöhnt, den die witzigen Wiener *Holzpyjama* zu nennen pflegen.

Jetzt aber noch nicht gleich ins Holzpyjama, ich soll ja noch ein bißchen zu Ihnen reden. Damit mir wieder warm wird, werde ich jetzt erst einmal hemmungslos die eigene Jugend glorifizieren. Ahhhh, das waren Zeiten! Mit zwölf auf einem winzigen Plattenspieler, der auf einem Köfferchen montiert war, Bob Dylan entdeckt und ihm seither treu geblieben. Allen Kinderkram beiseitegeschafft, die *Bravo* verachtet, *Heino* und *Roy Black* und *Gitte*, den ganzen deutschen Schlagermief aus tiefster Seele verachtet, den *Zauberberg* wie im Rausch gelesen, mächtig stolz darauf, daß ich so ein Buch schon lesen kann. Brecht, Majakowski, Kafka, aber auch den *Mann ohne Eigenschaften* von Musil gelesen. Karl Marx gelesen. Die nahende Revolution verkündet, von zuhause abgehauen, um die barbusige Geigerin Charlotte Moorman geigen zu sehen und an das Blutgesudel von Hermann Nitsch den Probierfinger zu legen (was ich heute weiß Gott nicht mehr tun wollte). LSD, LSD, und wieder LSD. Mitglied von Spartacus-Bolschewiki-Leninisten, einem knallharten Kleinverein, der sich schon mal auf Operationen im Geheimen vorbereitete und zu diesem Zwecke Tarnnamen (wenn ich mich recht erinnere, hieß ich Ingrid) an seine Mitglieder vergab. Erste Versuche, öffentlich aufzutreten, um zu provozieren. Zum Beispiel in der Stuttgarter Liederhalle oder beim Evangelischen Kirchentag. Und so weiter, und so fort.

Eine kuriose Geschichte möchte ich aber noch hinterherschieben, die sich in einem etwas höheren Alter von etwa sechzehn, siebzehn Jahren zugetragen hat. Es war immer noch üblich, Tanzstunde zu machen. Die Gymnasien waren damals geschieden nach Jungen- und Mädchenschulen. Eine passende Gegenklasse, in unserem Fall eine Jungenklasse, zu finden, war ein komplizierter Vorgang. Da wurde eine kleine Abordnung vorausgeschickt, um das Terrain zu erkunden, bevor man sich zu einer sogenannten Schnüffelpartie verabredete. Ich gehörte zu der Abordnung und hatte die *Phänomenologie des Geistes* von Friedrich Hegel dabei, legte die Schwarte gut sichtbar auf den Tisch, wartete darauf, daß einer von den Jungs zu dem Buch was sagen würde. Da kam natürlich keine Stimmung auf (außer Beklemmung); das Buch wurde wieder eingepackt, wir Mädchen lehnten die Burschen ab und gingen.

Ich will nun nicht behaupten, daß ich mit sechzehn *Die Phänomenologie des Geistes* verstanden hätte, wahrscheinlich würde ich sie bei heutiger Lektüre immer noch nicht recht verstehen, aber immerhin, mich lesend irgendwie da durchzuwursteln, das hatte ich tapfer versucht.

Warum ich diese Anekdote überhaupt erzähle? Um Ihnen zu zeigen, daß das damalige Angeberpfund nicht so sehr die sportliche Leistung oder die Klamotten oder die soziale Herkunft waren, sondern der intellektuelle Kitzel. Ob man Geld hatte oder nicht, spielte übrigens kaum eine Rolle. Ob jemand Bob Dylan hörte oder die Doors oder bloß ein bißchen zu den Beatles herumhopste, das war ein treffsicheres Unterscheidungsmerkmal. Ein klarer Distinktionsgewinn in den beiden erstgenannten Fällen, wie man sagen könnte.

Unsere Klasse – wie gesagt, nur Mädchen – galt als kompliziert. Wir bekamen die mutigsten Lehrer, weil sich die Krücken nicht so recht an uns herantrauten. Wir forderten die Lehrer nicht durch mangelnde Disziplin heraus, sondern durch unsere politische Diskussionswut. Wir lehnten Lektüren ab, die uns zu schlaff oder unbedeutend erschienen, forderten im

Geschichtsunterricht gar, daß wir uns ein ganzes Jahr mit der russischen Revolution beschäftigen sollten, was wiederum zu heftigen internen Kämpfen führte, denn es gab Maoisten, Trotzkisten, Leninisten und sogar die erzbiederen DKP-Anhänger, welche naturgemäß aus unterschiedlichem Blickwinkel auf die Große Revolution sahen. Nur in den naturwissenschaftlichen Fächern ging's etwas ruhiger zu.

Natürlich war das alles ein jugendlicher Krampf. Revolutionäre Blähungen, die nichts kosteten. Zumindest an unserem liberalen Gymnasium brachten sie niemandem den Schulverweis ein.

Nicht schlecht an der guten alten Zeit war übrigens, daß man damals noch nicht derart bürokratisch von Maoistinnen, Trotzkistinnen, Leninistinnen und weiß Gott welchen Istinnen hat sprechen müssen, sondern immer noch eine grammatische Form für beide Geschlechter galt. Dem Feminismus nehme ich es übel, daß er zu elenden Sprachungetümen geführt hat. Man darf nicht mehr einfach Lehrling zu einem Mädchen oder einem Jungen sagen, nein, die sind jetzt mit so pompös verstachelten Pippifaxwörtern wie Auszubildender und Auszubildende anzusprechen. Die ängstliche Bürokratie hat sich diesen absurden Korrektheitswahn völlig zu eigen gemacht; auf ihren amtlichen Blättern sind Studenten nicht mehr einfach Studenten, sondern Studierende. Landauf, landab wird der häßliche Unfug betrieben, Wörter mit Querstrichen an den Endungen zu versehen, um ja penibel daran zu erinnern, daß beide Geschlechter gemeint sind. Was für ein Schmarren! Ich habe bei dem Wort Studenten niemals assoziiert, daß damit nur Männer gemeint sein könnten.

Zurück zur eigenen Jugend. Wenn ich die niedergeschriebenen Abschnitte überlese, kommen mir Zweifel. Das ist eine prahlerische Kopf-hoch-Litanei, worin zwar keine Lügen im wörtlichen Sinne enthalten sind, aber über die Schattenseite, über die schweren Verstörungen dieser frühen Zeit fällt kein Wort. Nichts über das permanente Schwanken zwischen Selbstüberhebung und Selbstzerknirschung, der hyperängstlichen Unzufriedenheit mit dem eigenen Gesicht, mit der eigenen Figur. Nichts über das sexuelle Maulheldentum bei radikaler Angst vor dem Beischlaf. Kein Wort darüber, nach dem Selbstmord des Vaters in eine tiefe Wirrnis gestoßen worden zu sein und keine Hilfe bei der Mutter zu finden, die völlig abgewandt im eigenen Kummer dahinlebte und sich in ihre Arbeit als pharmazeutische Vertreterin verbiß, um der Restfamilie finanzielle Nöte zu ersparen.

Vorher. Nachher. Vorher entstammte ich einer wohlhabenden Arztfamilie mit einem Vater, der einen Citroën fuhr und seine Anzüge in Paris kaufte, nachher – als auch noch die liebenswürdige Großmutter gestorben war und der Bruder in Heidelberg studierte – einer düsteren Kleinfamilie mit wenig Geld, die sich aus der Schockstarre nie richtig lösen konnte.

Zuhause war es unerträglich. Deshalb ging ich gern zur Schule und trieb mich unentwegt in der Gegend herum, inklusive einiger wirklich gefährlicher Eskapaden, von denen die Mutter nichts erfuhr, weil sie hart arbeitete und ich in der Schule immer noch anständige Noten bekam. Mit sechzehn bin ich ausgezogen, in eine Wohngemeinschaft. Meine Mutter hat mich ziehen lassen. Ich mußte das Geld allerdings selbst verdienen. Das war nicht sonderlich schwer als Kellnerin in einer Altstadt-Kneipe, gefüllt mit Hippies, Alkoholikern, Huren, Zuhältern, Kommunisten und schwäbischen Trankschwadroneuren aller Couleur, begabt in Sachen Philosophie; die gaben ordentlich Trinkgeld, und als menschliches Panoptikum war das ziemlich aufregend und lehrreich.

Das Abitur habe ich trotzdem geschafft, ohne allzu große Mühe oder Angst. Aber der numerus clausus war damals nicht so unerbittlich. Ob man einen Notendurchschnitt von Einskommairgendwie oder Dreikommairgendwas verpaßt bekam, interessierte kaum. Ich habe keine Ahnung mehr, welchen Schnitt ich damals hatte; er war wohl weder allzu streberhaft noch schlecht.

Obwohl das alles passabel ausging – immerhin war ich kein Schulversager und konnte gleich nach dem Abitur nach Westberlin entwischen –, erleben wollte ich die Zeit nicht noch einmal, nein, weder die Ihrige noch die meinige Jugend wollte ich um's Verrecken nochmal mitmachen müssen.

Auch das Studium hatte seine Tücken. Westberlin

war zwar ein Eldorado, eine Spielwiese der besonderen Art, mit Riesenwohnungen um einen Preis, für den man in Stuttgart bloß eine Besenkammer hätte anmieten können. Ich bin an der FU auch sehr schnell an das damals interessanteste geisteswissenschaftliche Fach geraten – die Religionswissenschaftler bildeten dank ihres Professors Klaus Heinrich so etwas wie die Elite der Universität. Das war sehr anziehend, hochmögend, hochgestochen, sinnschwirrend, mit riesigen Lektürepaketen auf den selbst zurechtgebastelten Plänen. Als Lesefex war ich da genau an die Richtigen geraten.

Es war eine Zeit unendlicher Freiräume. Ich glaube, nie zuvor hat eine Generation derart viel Zeit zur Verfügung gehabt, um zu tun oder zu lassen, was sie wollte. Vormals war solches nur Adligen und manch einem reichen Bürgerkind verstattet gewesen. Nun durften wir Kleinbürger auch so leben. Ob wir sieben, vierzehn oder achtundzwanzig Semester studierten, niemand scherte sich groß darum. Berlin war billig. Eine Enklave, in der besondere Gesetze galten. Das bißchen Geld nebenher zu verdienen, war ein Kinderspiel.

Aber das hatte auch so manchen Nachteil. Nur dem eigenen Freiheitsdrang verpflichtet zu sein und sonst so gut wie niemandem, ist nichts für unentschiedene Naturen. Etliche sind dabei untergegangen und fanden sich später, als sie nicht mehr jung waren, die Freiräume knapper bemessen und das Geld schwerer zu verdienen war, in eher schäbigen Verhältnissen wieder, desillusioniert und nicht selten verbittert. Das sexuelle Freiheitsversprechen war eine einzige Chimäre gewesen, die Beziehungen zwischen Frau und Mann blieben kompliziert, Kinder wuchsen zunehmend allein bei den Frauen auf. Überhaupt sind erschreckend viele Frauen meiner Generation allein geblieben. Vielleicht, weil ihre Beziehungen dem Chaos der verwirrenden Ansprüche an Mann und Frau und den damit sich einstellenden Lebensumbrüchen nicht gewachsen waren.

Wahrlich, das ist nicht das wunderbare Leben, von dem wir geträumt hatten, eher eine Karikatur davon. Was der altersweise Bob Dylan uns in die Ohren raunzte, wovon die harzige Patti Smith sang, das träge Flappen der schwarzen Flügel, mit denen Jim

Morrisson uns probeweise einen romantischen Tod hat kosten lassen, die Theorien, mit denen Karl Marx, Sigmund Freud, Ernst Bloch, Theodor Adorno, Michel Foucault, Jacques Derrida und etliche andere unseren Verstand aufzwickten – es hat nicht dazu geführt, daß uns ein glanzvolles Leben beschieden worden wäre, nein, ganz und gar nicht, eher ein mickriges.

Um ein Haar wäre aus mir auch eine Untergeherin geworden. Aber irgendwann habe ich mich am Schopf gepackt und aus dem Sumpf des lähmenden Unvermögens und der intellektuellen Herumtändelei gezogen.

Mit vierundvierzig Jahren konnte ich endlich das tun, was mir immer als Hauptaktion eines guten Lebens vorgeschwebt hatte. *Pong* erschien, und ich gewann damit den Klagenfurter Literaturpreis, das Eintritts-billett in die Welt des Feuilletons und einer vielleicht möglichen Schriftstellerkarriere. Zuvor hatte ich ziemlich viel geschrieben, vier unvollendete Romane, einige Erzählungen. Sie taugten alle nichts. Eine zer-mürbende Erfahrung, das kann ich Ihnen versichern. So sehr hatte ich mich danach gesehnt, in der Welt der über alles geliebten Literatur mir wenigstens mit einem Mausstimmchen Gehör zu verschaffen. Aber nein, das Zeug war verkorkst, reines L'art-pour-l'art, ohne triftige Verhaftungsenergie. Das einzige, was ich mir im nachhinein zugute halten kann, ist, daß ich soviel Einsicht besaß, niemandem das Zeug zu zeigen, nicht einmal enge Freunde damit zu belästigen.

Überhaupt, die Literatur ist meine Rettung. Sie war es schon immer, genau genommen von der Zeit an, als ich lesen lernte, mit sieben Jahren. Sie hat mich getröstet und gefesselt und hat mir so ganz nebenbei, ohne daß ich das früher überhaupt bemerkt hätte, Einsichten in die komplexe Beschaffenheit des Menschen geliefert. Hat mir von einer Fülle anderer Leben und deren Verzwicktheiten erzählt oder vielmehr, mir diese kunstvoll vorgeschwindelt. Aus der Beobachtung hätte ich solche Lebensskizzen niemals ergründen können, denn dafür ist das eigene Umfeld zu klein, dazu ist man zu sehr in die eigene Alterskohorte gespannt und damit gefangen in seiner Zeit. Der Mensch weist aber immer über sich hinaus, Teile seiner selbst hängen in vergangene

Tiefen hinein, andere warten darauf, in der Zukunft geweckt werden.

Nicht nur ein geistig-ästhetischer Vergnügungsgewinn läßt sich aus der Literatur schöpfen – unmerklich, heimlich, still und leise gewinnt man auch Einsichten über das eigene Leben. Es läßt sich schwer sagen, wie genau, auf welch gewundenen Wegen solche Einsichten durch die Hirne und Herzen der Leser wurmisieren, aber es ist so, dessen bin ich gewiß. Aus der Literatur schöpfen wir etwas aus den Verlassenschaften der Toten, erfahren, wie sie gelebt, was sie durchlitten haben und reichern damit unseren eigenen Lebenshorizont an.

Wie Sie sehen, mein Leben war und ist stark mit Büchern verbunden, passiv sie verschlingend oder

Exzerpte daraus gewinnend, zuguterletzt selber welche verfassend, um sie als Krönung meiner jahrzehntelangen Mühen sogar veröffentlicht zu sehen. Mag sein, daß ein so stark von Büchern umstelltes, von Büchern beeinflußtes Leben auch ein gewappnetes Leben ist, das sich davor scheut, ungeschützt und frei heraus etwas in Angriff zu nehmen.

Als ich 1973 zu studieren begann, gab es in den öffentlichen Bibliotheken zwar schon Kopierer, aber diese wenigen Geräte waren immer ziemlich umlagert, so daß ich das meiste, was ich glaubte, mir merken zu müssen oder vielleicht als Zitat gebrauchen zu können, mit der Hand abschrieb. Es besteht ein Unterschied darin, ob Sie Texte von einer

Maschine kopieren lassen oder lange Passagen mit der Hand abschreiben. Nicht nur, weil das eine schnell geht und das andere lang dauert, sondern auch, weil die damit verbundene Gedächtnisleistung eine andere ist. Was technisch schnell geht und – wie bei den heutigen Medien üblich – nur rasch mit dem Auge erfaßt wird, hinterläßt eine viel flüchtigere Gedächtnisspur, als wenn Sie eigens die Hand-muskeln bewegen und über einen längeren Zeit-raum etwas niederschreiben. Das Gedächtnis funk-tioniert nicht allein über die Optik, es funktioniert auch über die Haptik und alle anderen Sinnes-wahrnehmungen.

Ebenso umständlich wie das Abschreiben mit der Hand war natürlich das Schreiben von Typoskripten mit den alten Schreibmaschinen. Jesus! Wie oft mußte da eine Seite neu geschrieben werden, weil zu viele Fehler drin waren. Das non plus ultra der Maschinen war damals die IBM Kugelkopf mit vier bis fünf auswechselbaren Schrifttypen, die jeweils um eine aufsteckbare Kugel herum angeordnet waren, sowie einem aktivierbaren Korrekturband, mit dessen Hilfe sich Fehler relativ einfach beseitigen ließen. Für mich war so eine Maschine damals zu teuer, aber ich habe sie in der Agentur meines Bruders schätzen gelernt.

Ist der technische Fortschritt einmal da, veralten solche Aufschreibsysteme natürlich. Zwar schreibe ich immer noch ziemlich viel mit der Hand, greife, wenn ich richtig Krach machen will, zu meiner alten

Erika aus den vierziger Jahren des letzten Jahrhunderts, wo man so richtig imposant drauflos-hämmern kann – auf ihr entstehen übrigens auch alle Briefe, weil die ins Papier geprägten Buchstaben einfach besser aussehen als die flüchtig darauf kopierten oder elektronisch versandten –, aber die fortgeschrittene Version meiner Texte schreibe ich auf einem zarten, dünnen, leichten *Mac Book Air*.

Selbst von einem eingefleischten Skeptiker des technischen Fortschritts ist dieser nun mal nicht so einfach aufzuhalten. Trotzdem bleibe ich hartnäckig skeptisch. Was einfacher und schneller geht, ist nicht unbedingt und immer das Bessere. Bei vielen technischen Errungenschaften ist der unmittelbar einleuchtende Gewinn, den jedermann sofort versteht, hinterrücks mit einem Verlust verbunden, der sich nicht leichterdings sofort zu erkennen gibt. Da ich über einige Jahrzehnte in einer Werbeagentur gearbeitet habe und dort die Umstellung von ziemlich umständlicher Handarbeit auf immer rascher und immer opulenter agierende bild- und textgebende technische Verfahren kennengelernt habe, weiß ich, wie stark in dem Prozeß der Arbeitsdruck zugenommen hat, wie Auftraggeber von den Leuten zunehmend erwarten, daß sie immer schneller arbeiten und gleichzeitig immer mehr verschiedene Dinge gleichzeitig erledigen.

Das ist eine ganz besondere Hölle, die zwar nach außen hin recht flott und jung und auch potent daherkommt, denn das Machbarkeitsgebot der schnellen Reaktion wird da groß geschrieben und gebetsmühlenhaft verehrt, aber unmerklich bekommt ein solches Arbeiten wahnhafte Züge und richtet im Gemüt der Menschen, die über Jahre hinweg derart eingespannt sind und dabei so gut wie nie das Gefühl haben, mit einer Arbeit in Ruhe fertig geworden zu sein, ziemliche Verwüstungen an.

Was langsam vonstatten geht und mit etlichen Mühen verbunden ist, weil die Materie ihre Widerstandskraft zeigt, ein Arbeitsvorgang, an dem Auge, Ohr, Hand, ja der ganze Körper beteiligt ist, hinterläßt eine intensivere Spur nicht nur im Gedächtnis, sondern auch im Herzen des Menschen. Eine solche Arbeit hat mit anfaßbaren Gegenständen zu tun, mit einer Materie, die greifbar und riechbar ist, die das Denken anregt und Gefühle des Mißlingens oder Gelingens freisetzt, kurzum, die den ganzen Menschen fordert und nicht nur sein Auge.

Unterschätzen wir das Gedächtnis nicht! In ihm werden unsere Erfahrungen eingeschrieben und natürlich auch umgeschrieben, jedenfalls werden sie dort ständig bearbeitet, denn was immer einem Menschen zustößt, wie er handelt, was er denkt, sieht, liest, wovon er träumt, muß um der Selbstkonstruktion willen in einen einigermaßen sinnvollen Zusammenhang gebracht werden. Das Gedächtnis braucht aber eine gewisse Zeit, um die Fülle an Material, die täglich hereinstrudelt, zu bewältigen. Leicht vorstellbar, daß ein Gedächtnis erschöpfbar ist oder permanent überfordert werden kann, wenn es nicht nur unsere auf natürliche Weise haptische, akustische und sichtbare Umgebung verdauen muß, sondern über viele Stunden am Tag auch noch die aufzuckenden und wieder weghuschenden Erscheinungen, die durch mediale Bildgebungsverfahren auf es einwirken.

In den meisten Dingen, die Menschen erfinden, steckt zugleich ein Engel und ein Teufel. Seit es die billigen Verkehrsmittel ermöglicht haben, daß Massen von Menschen permanent durch die Welt fliegen und auf alle Kontinente schon mal ihren Fuß gesetzt haben, ist zwar so etwas wie Weltnähe erreicht, und alles, was auf diesem Erdball lebt und west, näher zusammengerückt, aber zugleich schreitet die Entzauberung mit Riesenschritten voran. Kaum ein Fleckchen Erde, auf dem die uns bekannten Waren nicht auch anzutreffen wären. Kaum eines, das wir durch Photoreportagen und Filme nicht längst kennengelernt hätten, bevor wir etwas davon mit eigenen Augen zu sehen bekommen. Und wer weiß, ob wir dann noch etwas selbst zu sehen vermögen oder nur den anderweitig erzeugten Bildern, die längst unseren Kopf besetzen, hinterherschauen.

Eine Ägyptenreise 1956 war ein umwerfendes Erlebnis, das man mit sehr wenigen Touristen teilte, ganz zu schweigen von einer Ägyptenreise im neunzehnten Jahrhundert, in dem das Reisen unendlich kompliziert und anstrengend war und obendrein einen äußerst wagemutigen Charakter verlangte. Eine Ägyptenreise heute mag immer noch eindrucksvoll sein, aber die Erfahrungen werden sehr schnell im Orkus verschwinden und banalisiert werden. Die Eindrücke können sich nicht vertiefen, weil sie nicht mehr verbunden sind mit der immensen Anstrengung, sich dem Fremden allmählich, auf gewundenen Wegen, zu nähern. Außerdem haben die frühen Reisenden nicht geknipst, sondern Tagebuch geschrieben und Skizzen angefertigt. Sie haben Merksysteme verwendet, welche die Aufmerksamkeit intensivieren und diese ganz anders lenken als die heute zur Verfügung stehenden Maschinchen.

Meine Damen und Herren, Sie sehen, gar so schön kommt mir die neue Welt nicht vor, wiewohl ich nicht bestreiten will, daß sie in vielerelei Hinsicht bequemer für uns geworden ist, was manchmal durchaus seine Vorzüge haben mag.

Erlauben Sie, daß ich zum Schluß noch einen kleinen Giftpfeil verschieße, und zwar in Richtung Geiz. Geiz ist bekanntlich eine Todsünde, und sehr zu recht. Besonders unangenehm sind mir Werbekampagnen, die mit dem scheußlichen Spruch aufwarten, Geiz sei geil. Der Geizige ist einer, der nur an sich selbst denkt, niemals an die anderen. Dahinter versteckt sich ein radikaler Egoismus, der im persönlichen Umgang nicht nur äußerst abstoßend ist – als eine gesellschaftliche Haltung ist er zerstörerisch. Wenn wir Waren nur extrem billig bekommen wollen, mißachten wir, unter welch brutalen Bedingungen sie erzeugt wurden. Wir scheren uns einen Dreck darum, wie andere Leute ihr Geld verdienen, mißachten deren Arbeit, mißachten auch im Grunde die Ware selbst. Was wir allzu billig in die Finger bekommen haben, werfen wir auch mir nichts dir nichts wieder weg.

Der Mensch ehrt bekanntlich nur das, was ihm eine gewisse Anstrengung abverlangt, und sei es die Überlegung, wie er das Geld zusammenbekommt, um sich das eine oder andere kaufen zu können. Wenn nun eine neu geborene Partei lauthals verkündet, das Urheberrecht abschaffen und im Internet alles kostenfrei zur Verfügung stellen zu wollen, was gefilmt, musiziert, geschrieben wurde, so trifft das beileibe nicht nur einzelne Schriftsteller, Wissenschaftler, Musiker und Filmproduzenten, es trifft sehr viele Menschen, die um diese Leute herum in den verschiedenen Branchen arbeiten, ja, es trifft ganze Industriezweige.

Zwar mag die Vorstellung, eine Welt einzurichten, die ohne Geld funktioniert, eine gewisse Berechtigung haben – zumindest als süße Flattererscheinung in den Köpfen. Wohl wahr, wir leiden unter dem Geldzwang, der alles durchherrscht, aber eine geldlose Utopie nun sehr konkret an einzelnen Branchen, und nur an diesen, durchzuexerzieren, ist fatal. Eine Waschmaschine, ein Auto, Nahrungs-mittel, sie müssen ja weiterhin mit Geld bezahlt werden. Warum um Gotteswillen aber sollen ein Musiker, ein Schriftsteller, ein Filmproduzent und alle die vielen, vielen Leute, die für sie arbeiten, urplötzlich kein Geld mehr verdienen dürfen?

In der Verlagsbranche kenne ich mich recht gut aus. Die seriösen Verlage sind finanziell allesamt ziemlich gebeutelt, ihre Verdienstmargen gering. Um ein gutes Buch zu produzieren und unter die Leute zu bringen, ist eine Vielzahl von Menschen vonnöten. Zuerst der Lektor, der ein Manuskript sorgfältig prüft, auf Fehler und Schieflagen hinweist. Gute Lektoren sind exzellent ausgebildete Leute, die extrem gründlich arbeiten. Ich versichere Ihnen, für eine – gemessen an ihrer Ausbildung und ihrem Können – eher geringe Bezahlung arbeiten diese Menschen viel. Natürlich braucht ein Verlag auch Leute, die für die Presse zuständig sind, er braucht Buchgestalter und Buchhalter für die Abrechnung, er unterhält Sekretariate, Leute, die für die Organisation von Lesungen verantwortlich sind, undsoweiter undsofort, nicht zu vergessen die Menschen, die in den Druckereien arbeiten und in den Buchhandlungen den Verkauf organisieren. Werden diese Verlage in ihrer Existenz bedroht, so haben wir es im Netz bald nur noch mit schlampig zusammengebastelten Texten zu tun, die von Fehlern nur so strotzen. Ein Qualitätsverlust, der mir wirklich Schauder über den Rücken jagt. Man denke bloß nicht, eine Gesellschaft sei nicht in der Lage zu verblöden. Sie ist sehr wohl dazu fähig. Fortschritt heißt nicht nur, daß immer mehr Leute mehr wissen, Fortschritt heißt auch, daß immer mehr Leute ihre Köpfe mit unsinnigem Zeug anfüllen und zwischen wahr und falsch, nützlichem und unnützem Wissen nicht mehr unterscheiden können.

In der Filmbranche sind die Kosten rund um das einzelne Produkt, nicht nur wegen der aufwendigen Technik, sondern auch wegen der immensen Schar an Menschen, die daran beteiligt sind, noch viel extremer. Wenn ein einzelner Film mitunter Riesengewinne einfährt, täuscht das darüber hinweg, daß die Produktionsfirma sich gleichzeitig mit sechs bis acht Filmen herumschlagen muß, die nicht annähernd ihre hohen Kosten einbringen. Mag sein, daß die Spitzengehälter, die in Hollywood für einige wenige Schauspieler bezahlt werden, astronomisch hoch und nicht ganz zu begreifen sind, aber das macht niemals den Löwenanteil der Kosten aus. Und in der europäischen Filmbranche werden eh ungleich geringere Gagen bezahlt.

Kurzum: wenn die Urheberrechte fallen, für deren Durchsetzung jahrhundertelang gekämpft wurde, werden tausende von Menschen arbeitslos. Beim Schrott, den Menschen eh geneigt sind zu produzieren, gibt es dann kein Halten mehr, keine Instanz, die das Dümmste vielleicht verhindert.

Der Geizige, der solche Umsonstparolen flott verkündet, der nur den eigenen Vorteil sieht und nicht bezahlen will für das, was andere geleistet haben, er schmore in der Hölle!

Nachwort

Die „Abiturreden" sind ein 1998 konzipiertes, gemeinsames Projekt des saarländischen Bildungsministeriums, des Saarländischen Rundfunks und der Union Stiftung.

Sie greifen eine alte Tradition in Deutschland auf, die sogenannte Schulrede. Viele bekannte Autoren des 18. Jahrhunderts haben in ihrer Eigenschaft als Lehrer, Direktoren oder Professoren solche Ansprachen gehalten, darunter Jean Paul, Johann Gottfried Herder und Friedrich Schiller. Die Ursache für den Abbruch der Tradition dieser Schulrede ist vor allem in ihrer nationalistischen Instrumentalisierung im 19. und frühen 20. Jahrhundert zu suchen.

Die Reihe begann 1999 mit einer Ansprache von Wilhelm Genazino zum Thema „Rechtsradikalismus und Zivilcourage" („Fühlen Sie sich alarmiert!"). Diese Rede hat Genazino mit einer aktuellen Ergänzung im Jahre 2005 noch einmal gehalten. („Die Öffentlichkeit über die Gewalt muss mindestens so unerträglich werden wie die Gewalt selber.")

Im Jahr 2000 sprach Birgit Vanderbeke vor Merziger Abiturienten über ein medienkritisches Thema („Ariel oder der Sturm auf die weiße Wäsche").

2001 dachte Herta Müller über den unterschiedlichen Charakter von Grenzen nach und über die Verwandlung der Dinge beim Wechsel von einer Sprache zur anderen („Heimat ist das, was gesprochen wird").

Ein Jahr später suchte Guntram Vesper in seiner Rede nach den Bezirken des Humanen in einem unwirtlich gewordenen Land („Wer ertrinkt, kann auch verdursten").

Im Jahre 2003 fragte Dieter Wellershoff, ausgehend von dem Glücksgefühl des Überlebenden im Mai 1945, nach den Bedingungen für die Ausbildung eines persönlichen Lebenssinns in einer unüberschaubar gewordenen Welt („Die Frage nach dem Sinn").

Die bislang stärkste Resonanz fand Raoul Schrotts Rede „Der wölfische Hunger – Über das Alter der Jugend", in der er den Jugendlichen eine ungewöhnlich hohe Anpassungsleistung zuschreibt: Verwöhnt und träge seien sie, unmündig und streberhaft, entfremdet von der Natur, verhöhnt und vorgeführt von den Medien. Zugleich erinnert er sich an eigene Niederlagen und Katastrophen in diesem Alter. Die Erfahrung des Scheiterns, so mutmaßt er, könnte eine notwendige Voraussetzung zur Ausbildung einer Persönlichkeit sein.

Ulrike Kolb plädierte 2006 für den Dialog zwischen Jungen und Alten, und sie benutzte das Bild vom Akrobaten in der Zirkuskuppel, der aus dieser Distanz das Kunststück der Selbsterkenntnis wagen sollte („Werden Sie Akrobat – Idylle, Krieg und Gegenwart").

Der 1964 in Bolu (Türkei) geborene Feridun Zaimoglu, der ein Jahr später mit seinen Eltern nach Deutschland kam, deutete 2007 in seiner Rede – wie Schrott – Traumatisierungen an. Zugleich warnte er vor dem billigen Ausweg des Zynismus. Und er beschrieb, wie er – über den Umweg der Malerei – zum Autor wurde („Von der Kunst der geringen Abweichung").

Ulrich Peltzer plädierte im Jahr 2008 für den Mut, die Gegenwart zu leben und den eigenen Weg zu gehen, auch gegen gesellschaftliche Erwartungen („Vom Verschwinden der Illusionen – und den wiedergefundenen Dingen").

Die Warnung vor dem, was passieren könnte mit unserer Erde, und der Verdacht, ja die Gewißheit, dass es für ein Umsteuern schon zu spät ist, – das waren die zentralen Anliegen der Rede von Christoph Hein im Jahr 2009 („Über die Schädlichkeit des Tabaks").

Juli Zeh fragte 2010 in ihrer Rede nach den Auswirkungen des Zeitgeists auf das Lebensgefühl des Individuums. Wieso steht der von allen Seiten betriebenen Schwarzmalerei gleichzeitig das Glücklich-Sein als erstrebenswertes Ziel für jeden Einzelnen gegenüber? In welchem Verhältnis stehen Freiheit und Angst zueinander? Mit ihrem Nachdenken über diese Fragen thematisierte Zeh in ihrer Rede mit dem Titel „Das Mögliche und die Möglichkeiten" zentrale Aspekte gesellschaftlicher Entwicklungen.

Im vergangenen Jahr stellte sich der Schweizer Schriftsteller Thomas Hürlimann die Frage, was er, dessen Abitur vierzig Jahre zurückliegt, heutigen Schulabgängern zu sagen haben könnte („Der Mittagsteufel – Die Geworfenheit spricht zu Entwürfen"): „Auf Ihrer Reise ins Leben haben Sie zwei Begleiter: Der eine ist der Dämon der Repetition des Banalen – er raubt Ihnen Zeit. Der andere ist der Engel der Wiederholung des Einmaligen – er schenkt Ihnen Zeit".

So ist nun eine kleine Reihe entstanden mit ganz unterschiedlichen Texten von Autoren, die auf jeweils eigene Art und Weise aktuelle gesellschaftliche Probleme und Themen ansprechen; Texte, die gelegentlich auch aufeinander Bezug nehmen, indem sie Gedanken entweder weiterentwickeln oder sich kritisch davon absetzen; Texte schließlich, an denen vielleicht einmal die Gesinnungslage der Zeit abzulesen sein wird.

Ralph Schock

Satz: Karin Haas
Schrift: Weidemann Medium
Papier: Focus Book Creme 100 g, 2-faches Volumen
Druck: Merziger Druckerei und Verlag GmbH & Co KG
Bindung: Buchbinderei Schwind, Trier

Vortrag 26. Juni 2012
Studio Eins, Saarländischer Rundfunk

Sendung 3. Juli 2012, SR 2 KulturRadio
20.04 – 21 Uhr, Literatur im Gespräch

Printed in Germany
ISBN 978-3-86390-020-5